AF611761

Documents manquants (pages, cahiers...)

NF Z 43-120-13

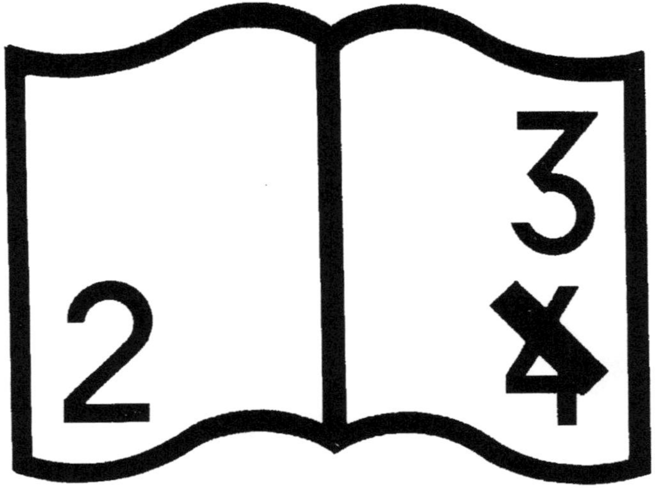

Pagination incorrecte — date incorrecte

NF Z 43-120-12

220973

HISTOIRE

DE

QUERCY ET ROUERGUE

8° Lk² 5599

(7e Série.)

NOTRE BELLE FRANCE

HISTOIRE DE QUERCY ET ROUERGUE

PAR

G. ROQUES
Inspecteur d'Académie du Lot.

E. BAYLE
Professeur d'Histoire au Lycée de Périgueux.

Ouvrage illustré de 34 gravures et 4 cartes.

PARIS
SOCIÉTÉ D'ÉDITION ET DE PUBLICATIONS
13, RUE DE L'ODÉON (VIe)

HISTOIRE DE QUERCY ET ROUERGUE

LE PAYS

Rouergue, Quercy, deux vieux noms chargés de siècles et d'histoire, deux provinces trop peu connues qui réservent à ceux qui les visitent bien des surprises et des ravissements.

Suite étagée de plaines, de plateaux, de montagnes, s'élevant des alluvions garonnaises aux neiges de l'Aubrac, elles forment toute une échelle de climats, de terrains, de paysages.

Le dur Rouergue en est le toit. La partie orientale, la Montagne, enferme l'Aubrac et les grands Causses, Causse Noir, Larzac. Dôme de basalte avec des coulées de laves, l'Aubrac est un désert glacé pendant huit mois. Mais en avril la vie renaît : c'est une mer d'herbages, une pelouse odorante que paissent d'innombrables troupeaux. Les touristes viennent même faire des cures d'air dans ses bourgades, comme ils affluent aux spectacles sauvages du Causse Noir (Montpellier-le-Vieux). Véritable Arabie Pétrée, le

Larzac nourrit pourtant de ses gazons secs des brebis à la laine frisée, et filtre à travers ses pierrailles de claires vaucluses comme la source de la Sorgue.

A ces hauteurs s'adosse un plateau de gneiss inséré entre l'Aveyron et le Tarn et bossué de croupes chevelues, Palanges, Lévezou, le Ségala, pays du seigle, pauvre mais pittoresque avec ses bruyères, ses châtaigniers, et qui cache quelques-uns de nos plus beaux sites de France, l'Enfer de Bozouls et le cirque de Salles-la-Source où bondit le Craynaux.

Et le contraste s'accuse encore dans la zone calcaire de la Haute-Marche (Espalion, Millau, Saint-Affrique) et de la Basse-Marche (Villefranche). Quelle gamme de couleurs, vert de la Viadène, blanc du Causse, rouge du Rougier, noir du bassin de Decazeville ! Et quelle opposition entre les solitudes du Comtal où le vent tord des taillis chétifs, et les cagnons aux vertes prairies ou le Vallon qui mûrit la vigne et l'amandier.

Non moins que le Rouergue, le Quercy doit à ses terrains une physionomie disparate : calcaires jurassiques du Haut-Quercy (Cahors, Gourdon, Figeac), sédiments tertiaires du Bas-Quercy (Montauban, Moissac), collines, plaines du Toulousain (Castelsarrasin).

Plus soleilleux qu'en Rouergue, le Causse, avec son infini crayeux, ses dalles de pierre, ses igues béants, ses landes aux chênes rabougris, évoque l'image de la stérilité. Et pourtant le mouton, richesse du Caussenard, y vient admirablement.

Mais, soudain, un vallon s'ouvre en abîme et la combe verdoyante, escaladée de vignes, découvre aux yeux ravis un petit paradis regorgeant d'eaux vives, des prés, des vergers baignés d'une lumière crue et éclatante. Que de surprises dans ce désert, les gorges de Laguépie, Padirac, Rocamadour, le cirque de Floirac, cette merveille ! Et au pied des derniers pechs, couverts de pampres, la plaine du Tarn fuit à perte de vue vers la Garonne et le Languedoc.

Nos pays n'abondent pas seulement en beautés naturelles : à l'artiste, à l'archéologue ils peuvent offrir d'antiques cités, des églises, vrais joyaux d'architecture, des burgs qui évoquent un passé batailleur.

Voilà le sol, voilà le milieu qui ont fait la race dont nous allons raconter l'histoire.

Mur gaulois a Murcens (Lot).

Ce fragment permet de constater que les Gaulois, malgré leur civilisation peu avancée, étaient très habiles pour fortifier leurs lieux de refuge que les Romains appelaient des *oppida*.

R.F.

par des galeries souterraines la source qui l'alimentait. Croyant reconnaître là la volonté des dieux, les habitants se rendirent. César, pour effrayer les autres peuples, fit couper les mains à tous ceux qui avaient porté les armes. (D'après CÉSAR.)

A l'époque gauloise, nos montagnes et nos plateaux formaient encore une immense forêt, et le Quercy doit peut-être son nom à l'arbre préféré de nos ancêtres, le chêne (en latin *quercus*).

Mais les vallées cultivées produisaient déjà le blé, le chanvre et le lin.

Les Cadurques fabriquaient des poteries et des toiles renommées, et les Rutènes excellaient dans le travail des métaux ; les mines de leur pays donnaient le cuivre et l'argent employés par les monnayeurs gaulois.

Outre les bourgades de la plaine, il y avait sur les hauteurs des enceintes fortifiées dont il reste des vestiges en Quercy à Luzech, Coronzac, Bourret, et surtout à Murcens où le mur est fait de pierres équarries renforcées avec des poutres.

Comme toute la Gaule, nos provinces pratiquèreut le druidisme. Outre les grands dieux, chaque cité avait son génie protecteur : *Divona* à Cahors, *Ruthena* à Rodez.

Les enceintes, comme le *cromlech* de Roquebert (Lot), ont servi au culte druidique.

Ce culte est resté dans le souvenir populaire. Au XVIIIe siècle, un évêque de Cahors fera abattre les menhirs que le peuple ignorant continuait à adorer et à couvrir de fleurs. Et les enfants ne chantent-ils pas encore la *guilloune* qui rappelle la fête du gui?

III

Période romaine.

Les cités (*pagi*, pays) des Rutènes, des Cadurques et des Volces furent comprises par Auguste dans la province d'Aquitaine, qui ne tarda pas à devenir l'heureuse rivale de la Narbonnaise.

Les forêts reculèrent devant la pioche des colons, la vigne escalada les plateaux. C'est à l'empereur Probus que l'on attribue l'introduction des cépages comme le fameux pied-de-perdrix ou plant de Cahors.

A la place des bourgades de chaume surgirent des villes de pierre décorées de beaux monuments. Cahors, très fréquentée à cause de ses écoles, eut un théâtre et des thermes dont il reste la porte de Diane ; Rodez, un aqueduc qui sert encore et un amphithéâtre ; Cosa (Cos, Tarn-et-Garonne), Duravel, Thézels, Mercuès possédaient des temples ornés de statues et de colonnes de marbre.

Ces villes étaient reliées par des routes pavées dites encore aujourd'hui *costo roumive* ou *chemins ferrés*.

La principale venant de Vésone (Périgueux) passait par Cahors, Rodez, Millau pour aboutir en

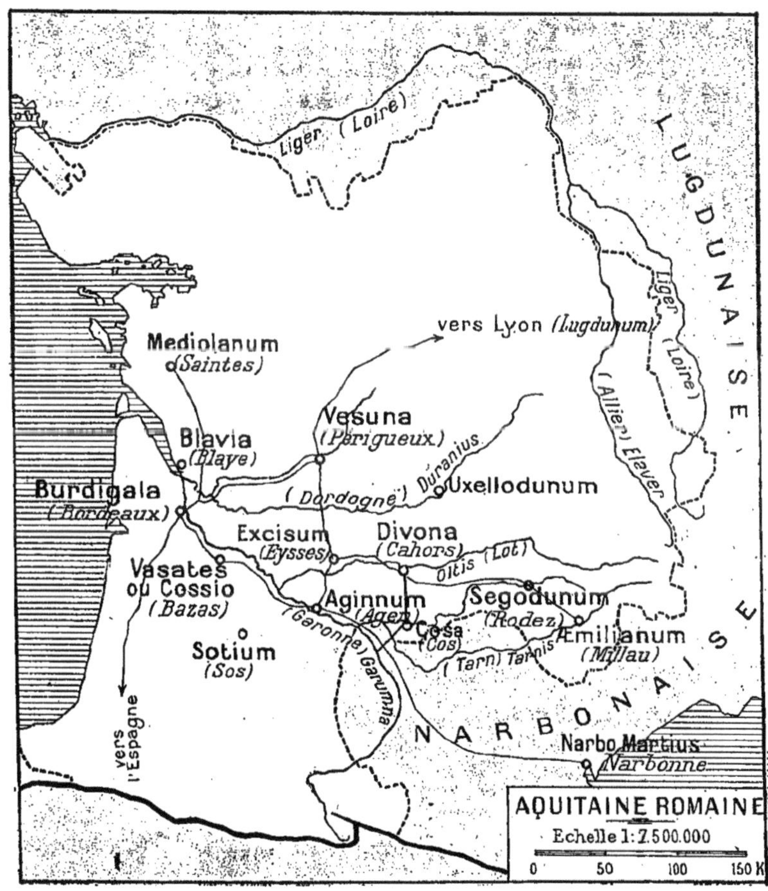

Narbonnaise. De Cahors se détachait une branche qui, par Cosa et l'emplacement du Montauban actuel, rejoignait la grande voie Bordeaux-Toulouse.

CAHORS. — ARC DE DIANE (D'après un cliché Girma).
Ruines des thermes romains.

BIBLIOTHÈQUE NATIONALE R.F.

PREMIÈRE PARTIE

DES ORIGINES A LA FÉODALITÉ

PREMIÈRE PARTIE

Des origines à la féodalité.

Le Quercy et le Rouergue, ces deux moitiés de la Haute-Guyenne, ont presque toujours été unis. Des Romains à la féodalité, ils firent partie de l'Aquitaine, et ne se séparèrent en comtés indépendants que pour subir la tutelle de la maison de Toulouse. Longtemps rattachés au Languedoc, ils entrèrent de **1259** *à* **1360** *dans la Guyenne où ils formèrent jusqu'à la Révolution la Généralité de Montauban.*

Malgré leurs diversités de climat, de sol, de cultures, les trois départements de l'Aveyron, du Lot et du Tarn-et-Garonne sont liés dans le passé par la communauté de gloires et de souffrances, comme ils le sont dans le présent par les intérêts économiques, par les voies ferrées qui les orientent plutôt vers Toulouse que vers Bordeaux, leur ancienne métropole.

I

Temps préhistoriques.

Bien avant les temps dont on peut raconter l'histoire, l'homme a vécu dans notre pays où il a laissé des traces de son séjour. Il tailla d'abord dans le

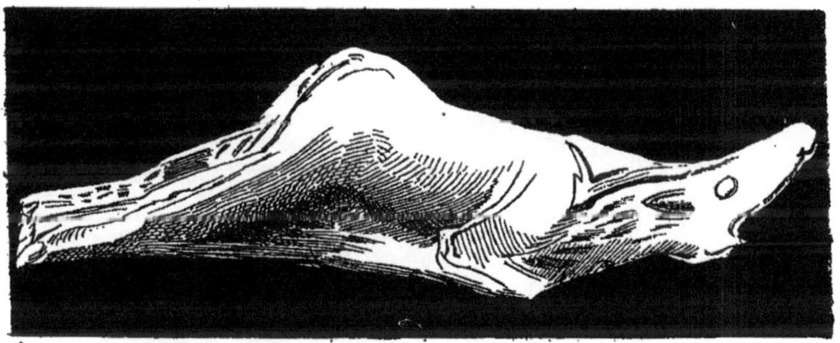

MANCHE DE POIGNARD SCULPTÉ EN FORME DE RENNE TROUVÉ A BRUNIQUEL (Tarn-et-Garonne).

Un des plus curieux spécimens de l'art des premiers hommes, déjà habiles à saisir et copier les formes des êtres vivant autour d'eux.

silex des armes et des outils que l'on trouve dans les grottes et les abris sous roches de Mareuil, Reilhac (Lot), Cornus (Aveyron), Bruniquel (Tarn-et-Garonne). Plus civilisé, il taillera l'os comme la pierre. Enfin apparaîtront les outils en pierre polie, ces haches que nos bergers appellent encore *pierres de foudre*.

La science a retrouvé les restes de ces ancêtres

DOLMEN

DE LA

CAVALERIE SUR LE LARZAC.

Un des plus grands dolmens de l'Aveyron. Deux blocs couchés supportent la table. Ces chambres funéraires sont antérieures aux Gaulois.

R.F.

de l'humanité et a pu reconstituer leur genre de vie.

Une des plus riches stations fouillées par les savants est celle de Bruniquel. On y a trouvé des crânes, un squelette entier, des silex finement taillés, des aiguilles, des harpons en bois de renne, et même de véritables œuvres d'art comme le manche de poignard figuré plus haut.

Avec le cuivre et le bronze, l'homme pourra travailler le bois et bâtir des enceintes fortifiées. Il enterre alors ses morts sous ces pierres dites à tort *druidiques* qui se dressent encore sur nos plateaux : *menhirs* de Luzech (Lot), Lauzerte (Tarn-et-Garonne), Saint-Affrique ; *dolmens* de Livernon, Rocamadour, Gramat (Lot), Septfons, Saint-Antonin (Tarn-et-Garonne), Buzeins, la Cavalerie (Aveyron) ; *tumuli* des Causses et de l'Aubrac.

Les menhirs et dolmens reposent d'ordinaire sur un *tumulus* ou butte factice. Dans ceux qui ont été fouillés, on a trouvé avec des ossements des armes, des colliers, des bracelets de bronze, de fer et d'or qui ont enrichi les Musées de Montauban et de Rodez.

II

Période gauloise.

Avant la conquête romaine, trois peuplades celtiques se partageaient le territoire de nos provinces : les Rutènes (capitale Segodunum-Rodez), les Cadurques (Divona-Cahors), et les Volces-Tectosages dont une tribu, les Tascons, avait son centre près de Montauban. La race plus ancienne des Ibères était représentée par les Lactorates qui occupaient la Lomagne. Chacune de ces peuplades formait une cité ou petit État.

Dans les guerres contre Rome, nos ancêtres surent défendre leur indépendance : ils soutinrent Vercingétorix et, après la chute d'Alésia, choisirent pour dernier boulevard l'oppidum d'Uxellodunum (aujourd'hui Puy-d'Issolud).

Les Cadurques sous les ordres de Drappès et de Luctère se réfugièrent dans cette enceinte fortifiée. César l'entoura de trois camps et, ne pouvant s'en emparer, résolut de la prendre par la soif. Il détourna

DEUXIÈME PARTIE

LE MOYEN AGE

DEUXIÈME PARTIE

Le Moyen Age.

I

Des Wisigoths à Saint Louis.

Au ve siècle l'Aquitaine fut ravagée par les Barbares ; les Vandales détruisirent Cahors de fond en comble. Les Wisigoths traitèrent le pays avec douceur, mais comme ils étaient ariens, ils brûlaient les églises, et Clovis, appelé par l'évêque de Rodez, Quintien, anéantit leur royaume à la bataille de Vouillé (506).

Le Midi ne fut pour les Mérovingiens qu'une terre à butin : Cahors appartint quelque temps à la célèbre reine Brunehaut à qui l'on attribue le château de Bruniquel.

En 660, le Quercy et le Rouergue entrèrent dans le duché de Toulouse fondé par le patrice Félix ; sous

Charlemagne ce duché deviendra royaume d'Aquitaine et son dernier roi Louis le Bègue le réunira à la France en 877.

Du VIIe au IXe siècle, nos malheureuses provinces sont la proie de nouveaux envahisseurs. Sarrasins et Normands font « un feu de joie » des premiers monastères, Conques, Figeac, Moissac. Pépin le Bref mène huit rudes campagnes contre l'indomptable duc Waïfre, coupant les vignes et les arbres fruitiers, obligeant les habitants à se réfugier dans les grottes ; et il n'a raison de son adversaire qu'en le faisant assassiner.

Au IXe siècle grandissaient déjà les familles féodales qui allaient se partager l'Aquitaine.

Les vicomtes s'y succédèrent héréditairement jusqu'en 1172, où le fief passa par mariage aux rois d'Aragon qui le garderont jusqu'à saint Louis.

Composé du bourg de Rodez (la cité était à l'évêque) et des quatre baronnies des montagnes, ce comté fut démembré du Rouergue en 1147. On peut citer parmi ses possesseurs Hugues II surnommé le père de la patrie, Henri II et sa fille, la bonne comtesse Cécile qui fit, par de sages règlements, le bonheur de ses sujets. Son mariage avec Bertrand d'Armagnac unit Rodez au grand comté gascon.

ÉGLISE ABBATIALE DE CONQUES (Aveyron).

C'est un beau modèle puissant et solide, plein de force, de l'art roman, avec ses lourds clochers, ses ouvertures étroites, ses murs épais, forteresse autant qu'église.

Le Rouergue eut d'abord des comtes indépendants dont l'un, Frédelon, devint en 849 comte de Toulouse. Ses successeurs, qui s'intitulaient princes des Goths et des Aquitains, n'exercèrent pourtant sur leurs vastes domaines où était entré le Quercy qu'une auto-

SCEAU DE SIMON DE MONTFORT (1211).
Il est vêtu comme les chevaliers de la longue robe ou *surcot*, et du *haubert* ou chemise de mailles.

rité précaire à cause des luttes continuelles avec l'Aragon ou l'Angleterre et des usurpations de leurs vassaux. Guillaume IV dut aliéner le comté de Cahors en faveur de l'évêque de cette ville.

En 877, Rainulf, comte de Poitiers, avait fondé le deuxième duché d'Aquitaine que le mariage d'Éléonore donnera à l'Angleterre en 1152. Ses possesseurs disputèrent le Quercy à la maison de Toulouse. Un fils d'Éléonore, Henri au Court-Mantel, vint ravager cette province et mourut à Martel après avoir pillé le riche sanctuaire de Rocamadour.

Une guerre autrement terrible allait, au XIIIe siècle, désoler le Toulousain où les Albigeois avaient formé une Église rivale de l'Église catholique. Le pape Innocent III fit prêcher contre eux une croisade dirigée par Simon de Montfort. Tout le pays se leva contre la gent étrangère du Nord. Ce fut une guerre sans merci qui hâta l'unité nationale, mais qui étouffa la brillante civilisation du Midi. Un tribunal spécial, l'Inquisition, poursuivit impitoyablement les hérétiques et siégea à Cahors et à Montauban jusqu'en 1403.

Au traité de Meaux (1229), les rois de France acquirent le Haut-Quercy, tandis que le Bas formait, avec Toulouse et le Rouergue, la dot de Jeanne de Toulouse, mariée à Alphonse de Poitiers. En 1529, saint Louis céda Cahors au roi d'Angleterre et, vingt ans après, son fils lui donna le reste de la province. Mais le Rouergue resta à la France jusqu'au traité de Brétigny.

Dès le XIIIe siècle le Quercy et le Rouergue constituèrent des sénéchaussées divisées en châtellenies, bailliages ou vigueries. Chargé des finances, de l'armée et de la justice, le sénéchal (ou parfois l'évêque), présidait les États provinciaux, Conseil des prélats, barons, et consuls des bonnes villes. Leur principale attribution était le vote des subsides. Ils dureront jusqu'au XVIIe siècle.

II

XIVe et XVe siècles.

Nos provinces, disputées par les rois de France et d'Angleterre, furent l'un des théâtres de la guerre de Cent Ans. Signalée d'abord par des sièges, elle excita, après le traité de Brétigny qui les cédait à la Guyenne anglaise, un grand élan patriotique chez les fils des Cadurques et des Rutènes.

Rodez, Villefranche, Saint-Affrique, Montauban ne se soumettent que sur l'ordre formel du roi. Sommés par le maréchal de Boucicaut d'ouvrir leurs portes à Chandos, lieutenant du roi d'Angleterre, les consuls de Cahors font cette belle réponse : « C'est avec une profonde douleur que nous obéissons au roi ; ce n'est pas nous qui le congédions, mais lui qui malgré nous nous expulse et nous livre comme des orphelins aux mains de l'étranger. »

En 1368, un soulèvement général éclate à la voix de Jean d'Armagnac ; le duc d'Anjou et Du Guesclin, bien secondés par les troupes des communes, l'artillerie de Cahors et de Montauban et de braves cheva-

ARMES DU DUCHÉ DE GUYENNE.
Elles représentent le léopard anglais.

liers comme Gui de Séverac, Jean de Morlhon, Marquès de Cardaillac, enlèvent successivement aux Anglais les villes et les châteaux. Que de combats, que d'épisodes glorieux !

Cahors donna dans ces terribles années un exemple rare dans notre histoire militaire : pendant 60 ans, seule, abandonnée par la France qui ne pouvait la secourir, elle se défendit comme un vaisseau cerné par une flotte ennemie ; les Anglais ne s'en emparèrent jamais. Du reste, toutes les villes firent leur devoir ; Mautauban pour prix de sa fidélité reçut même le droit de charger son écusson des trois fleurs de lys qu'il porte encore.

Si, à cause de son éloignement, le Rouergue fut un théâtre plus secondaire d'opérations, il ne fut pas moins foulé et pillé que son voisin par les Compagnies comme celles de Roland, de Perducat d'Albret, de Rodrigue de Villandrando.

Froissart nous montre ces troupes de brigands « pillant et robant les bonnes gens » mal abrités derrière leurs murailles. Et du pied des murs ils leur criaient : « Bons hommes, combien nous donnerez-vous de charges de pain, de vin, de farine si nous ne brûlons pas vos villages ? » — Une des bonnes opérations de Perducat fut la prise de Figeac : il y enleva 50.000 francs d'or et de joyaux, 4.000 florins de marchandises, et les États du Quercy durent encore lui verser 120.000 francs d'or pour évacuer la ville. (D'après Labroue : *le Livre de vie.*)

Aussi dans quel état Charles VII recouvrait-il en 1453 ces provinces, jadis les plus plantureuses du duché de Guyenne ! Le pays était comme détruit et sauvage ; plus d'industries, plus de culture ; les gens

R.F. BIBLIOTHÈQUE NATIONALE

La maison d'Armagnac, a Rodez.

(D'après un cliché Carrère.)

Maison Renaissance construite sur l'emplacement de l'ancien château féodal.

avaient fui en Espagne, Gramat n'avait plus que cinq habitants.

Au lieu de goûter après ces épreuves un peu de calme et de repos, le Rouergue subira encore le contre-coup des ambitions et de la turbulence des derniers comtes de Rodez.

La maison d'Armagnac, qui avait grossi son patrimoine de nombreux fiefs gascons ou quercynois (Lomagne, Gourdon, Capdenac, Caussade), tint à Rodez une cour brillante en même temps qu'elle jouait un grand rôle à Paris. Mais ses membres furent de terribles despotes, des hommes sans mœurs, vrais fils du diable, a dit Michelet. Ils déchaînèrent sur la France une terrible guerre civile et leurs complots finirent par abattre sur leurs États la rude main de Louis XI.

Les crimes ne se comptent pas dans cette famille ; Bernard d'Armagnac fit assassiner au château de Gages une des gloires du Rouergue, le maréchal Amaury de Séverac. Le dernier de la lignée, Charles, pris dans son repaire de Saint-Véran, fut enfermé à la Bastille (1470).

Le comté de Rodez passa alors au duc d'Alençon, époux de Marguerite de Valois, et par elle aux d'Albret et à Henri IV qui le réunit à la couronne.

III

La société féodale.

LA FÉODALITÉ LAÏQUE

Aux xe et xie siècles se forment dans nos comtés une multitude de fiefs, petits États dont chacun a pour capitale le château du seigneur. Les barons exercent sur leurs terres les droit régaliens, rendent la justice, lèvent sur leurs serfs et vilains des redevances multiples, champart, bladade, capsol, fédéguar ou dîme des brebis, et désolent souvent le pays de leurs guerres privées.

Pourtant le régime féodal a été moins oppressif au Midi qu'au Nord, et s'il y eut, surtout en Rouergue, quelques seigneurs-brigands, la Haute-Guyenne donna aussi les preux dont les écussons brillent à Versailles dans la salle des Croisades, et Tristan d'Estaing, le héros de Bouvines, et Dieudonné de Gozon, le libérateur de Malte.

Pour comprendre la féodalité, il faut visiter ces repaires qui, comme des nids d'aigles, se dressent

BIBLIOTHÈQUE NATIONALE R.F.

CHATEAU DE NAJAC.

(D'après le *Guide du Syndicat d'initiative de l'Aveyron.*)

encore sur les rocs à pic ou les falaises qui surplombent nos vallées : en Rouergue, les donjons d'Estaing et de Najac, les masses imposantes de Calmont d'Olt, Belcastel, Bertholène ; en Quercy,

BÉRANGER, ABBÉ DE FIGEAC (1295).
(D'après un sceau.)
Mitré et crossé comme un évêque, il porte la chasuble et la dalmatique. La main droite bénit.

Luzech, Brassac, Bruniquel, Roussillon et Castelnau-Bretenoux, ce type si complet de l'architecture féodale.

Une des plus puissantes forteresses du Rouergue était le château de Najac édifié par les comtes de Toulouse. Aujourd'hui en ruines, il surgit à la pointe d'un roc avec l'entassement de ses deux enceintes flanquées de tours, son système complet de chemins de ronde et son donjon cylindrique aux étages voûtés.

Pour charmer leur existence, les possesseurs de ces châteaux, outre la guerre et la chasse, avaient les tournois et les cours d'amour (Rodez) où ils pouvaient étaler ces robes garnies d'or, de perles, de fourrures, ces chaperons *décoppés*, ces colliers, joyaux et autres *cointises* et *bombances* qu'aimait l'orgueil aquitain.

L'ÉGLISE

D'après la tradition, l'Évangile aurait été annoncé en Quercy dès le premier siècle par saint Amadour, et au troisième par saint Genulphe, contemporain de saint Antonin, l'apôtre de Rouergue.

Les premiers évêques certains de Cahors et de Rodez sont saint Florent et saint Amans.

Au VIIe siècle vécut le grand évêque saint Didier qui commença la cathédrale de Cahors.

Au XIVe le Quercy donna à la chrétienté un grand pape, Jean XXII (Jacques d'Euse ou Duèze) qui régna à Avignon de 1316 à 1334 ; on lui doit les évêchés de Vabres et de Montauban et l'Université de Cahors.

L'Église devient de bonne heure un corps puissant et indépendant : les évêques ont comme les seigneurs le pouvoir temporel (droit de justice, de monnaie) ; ils luttent à Rodez avec les comtes, et Géraud de Barase pouvait dire à saint Louis

ABBAYE DE BONNECOMBE (Aveyron).
(D'après un cliché Carrère.)

qu'il était « comte de Cahors comme lui roi de France ».

Le clergé régulier ou monastique n'a pas moins de pouvoir dans la société féodale. Dans les premiers siècles du christianisme, des abbayes bénédictines s'étaient élevées dans les vallées sauvages et sur les causses : Conques, Vabres, Marcillac, Figeac, Saint-Théodard, Moissac.

Saint-Pierre de Moissac fut la plus riche abbaye du Toulousain ; elle eut de nombreuses succursales (prieurés) ; son chef portait le titre d'abbé-chevalier.

Aux XIe et XIIe siècles, les Cisterciens, Trappistes et Chartreux fondent Bonnecombe, Bonneval, Le Loc-Dieu, Belleperche, Sept-Fons, la Garde-Dieu et bien d'autres moutiers aux clochers romans ou gothiques. En même temps paraissent les ordres militaires, Templiers, Hospitaliers, chevaliers d'Aubrac.

Dans une gorge sauvage du Viaur les moines de Cîteaux, spécialement voués aux œuvres manuelles, élevèrent en 1162 l'abbaye de Bonnecombe. On peut juger par cette vue (qui représente les bâtiments relevés par les Trappistes en 1875) de ce qu'était une abbaye du moyen âge, petite ville avec l'église, le logis de l'abbé, la salle capitulaire, le réfectoire, la maison des hôtes, les cuisines, celliers, étables, magasins.

Le rôle des ordres monastiques fut bienfaisant : ils défrichèrent les grandes forêts, donnèrent l'instruction dans les écoles claustrales, créèrent des œuvres d'assistance, hôpitaux, léproseries (la Dômerie d'Aubrac).

LES COMMUNES

La commune ou consulat fut le plus souvent dans le Midi une association du seigneur et des habitants ;

SCEAU DU CONSULAT DE LAUZERTE (Tarn-et-Garonne).
(Archives Nationales.)
L'inscription signifie « Sceau du Chapitre de Lauzerte ».

avant le XIIe siècle les comtes de Quercy se nommaient déjà cossols (conseillers) ; ils présidaient le chapitre ou assemblée des prud'hommes.

Peu à peu les communautés accrurent leur pouvoir. Quelques seigneurs résistèrent, comme les évêques de Cahors, d'autres se firent acheter, comme celui d'Espalion ; mais le plus souvent ils favorisèrent, à l'exemple des comtes de Rodez et de Toulouse, le mouvement d'émancipation, et reconnurent dans des chartes les «coutumes, franchises, et privilèges» des bourgeois. Rédigées en latin ou en roman, ces chartes, que gardent encore nos mairies (*livre armat* de Montauban, *livre de la charte* à Moissac, *livre juratoire* de Beaumont), faisaient des villes de vraies républiques.

Nos municipes d'aujourd'hui, nos villes en tutelle ne permettent guère de se figurer les communes du moyen âge. Peu démocratiques, livrées aux luttes continuelles des majorals (bourgeois) et du « menut poble » (artisans), elles se gouvernaient néanmoins librement à l'aide de magistrats annuels (prud'hommes, consuls, syndics, capitouls). Chacune avait son sceau, son trésor, sa bannière. Saint-Antonin nous montre de cette époque un bel hôtel-de-ville ; Souillac, Millau, Martel, Verdun ont encore leur beffroi.

Les consuls étaient assistés du Conseil de ville et, en cas de besoin, ils convoquaient sur une place ou dans une église l'université des bourgeois. Leurs attributions étaient nombreuses et variées : gérer les finances de la communauté, rendre la justice, commander la milice, figurer dans les fêtes civiles et religieuses, édicter des règlements de police....

TROISIÈME PARTIE

L'AGE MODERNE

A la procession du *Cors de Dio* (Fête-Dieu) à Montauban, les consuls, escortés de leurs trompettes, sergents et artilleurs, portaient une torche de 4 livres ; après la cérémonie ils allaient à l'Hôtel-de-Ville manger des pâtés, des tripes de morue et boire du vin clairet. (*Bulletin de la Société archéologique.*)

Voici quelques règlements consulaires assez singuliers : défense de travailler dans les rues, d'y garder porcs ni chèvres ; défense à tout chef de famille de donner à son fils des chemises cousues de soie de plus de 5 sols ; défense aux dames de se visiter si ce n'est les dimanche et mercredi (Moissac). — Défense aux nouveaux mariés de donner plus de deux repas de noces (Cahors). — Que tout homme qui tire son couteau contre un autre paye 60 sous d'amende, et s'il l'en frappe, qu'il perde le poing, et si l'excédé (la victime) meurt, qu'on mette dessous le mort celui qui l'aura tué (Saint-Affrique).

Outre les villes de consulat, le mouvement communal fit naître dans le Sud-Ouest des villes neuves ou *sauvetés* créées par les comtes de Toulouse et les rois de France et d'Angleterre. Montauban fut fondé en 1144 par le comte Alphonse-Jourdain. Les bastides de Villeneuve, Sauveterre, Villefranche, Montcabrier, Bretenoux, Castelsagrat, Lafrançaise, Valence, Beaumont, et bien d'autres reconnaissables à leur plan régulier et à leur place bordée d'arcades ou couverts, attirent par des libertés et des privilèges les hôtes des terres voisines.

Dans ces communes du moyen âge, l'industrie prit un grand essor. De nombreux corps de métiers, foulons, tisserands, corroyeurs, pipotiers (tonneliers), chaussetiers, argentiers, fourbisseurs, faisaient de Cahors, de Montauban, de Millau, de Saint-Antonin des ruches actives. Des titres de 1070 font déjà mention des fromages de Roquefort.

Les foires de Cahors, Montauban, Castelsarrasin étaient très fréquentées. Grâce à la Bourse des marchands de Garonne et aux banquiers Caorsins, les vins, draps et toiles du pays, transportés à Bordeaux par les rivières, allaient jusqu'en Angleterre. Aussi la bourgeoisie enrichie par ce trafic pouvait-elle rivaliser de luxe avec la noblesse.

Le curieux *livre de comptes* des frères Bonis, publié par M. Forestié, nous initie à la vie des riches marchands du XIVe siècle : ils ont comme les chevaliers maison fortifiée, fiefs et armoiries ; dans leur logis tendu de tapisseries, aux dressoirs chargés de vaisselle d'argent, la table offre des mets recherchés, volailles, gibier, lamproies, saumons, *pignonat*, pain de coing.

Outre ces repas, ils ont comme plaisirs les folies du *Caramentra* (carnaval), les processions comme celle

Le Pont Valentré a Cahors.

(D'après un cliché Girma.)

Pont fortifié du XIVe siècle, véritable joyau archéologique.

R.F.

du *sancte capel* (sainte coiffe) à Cahors, et les entrées de grands personnages. A défaut d'une de ces cérémonies au moyen âge, donnons, pour juger de ces fêtes officielles, le récit suivant :

Le 25 juillet 1533, le roi fit son entrée par la porte Viaragne. La ville avait mis 600 hommes sous les armes, outre 30 notaires ou bourgeois accoutrés de velours et de satin, 80 marchands, 36 jeunes gens vêtus de damas blanc, 12 Suisses, 12 trompettes et 12 fifres. Les rues étaient toutes tapissées ; sous des tentes couvertes de draps de soie et de velours on avait placé des jeunes filles vêtues en nymphes qui récitèrent au roi des pièces de vers français, grecs ou latins.

A la place de la Leigna était sur un tabernacle une belle demoiselle, fille de mons de Rességuier, avec deux petits enfants accoutrés de damas, qui présenta au roi trois clefs d'or et une coupe d'argent doré. (*Manuscrit des archives de Rodez.*)

Bien différente était la vie des campagnes. Les serfs de corps et de cazelage s'étaient bien, vers le XIVe siècle, transformés en colons censitaires ; mais si sur leurs terres phosphatées les bordiers du Bas-Quercy étaient « aussi heureux qu'à l'époque actuelle », les bergers Caussenards, les *pagès* Rouergats, ne vivant que de leurs troupeaux, étaient la proie de famines presque périodiques, puisqu'il y en eut 48 en 79 ans.

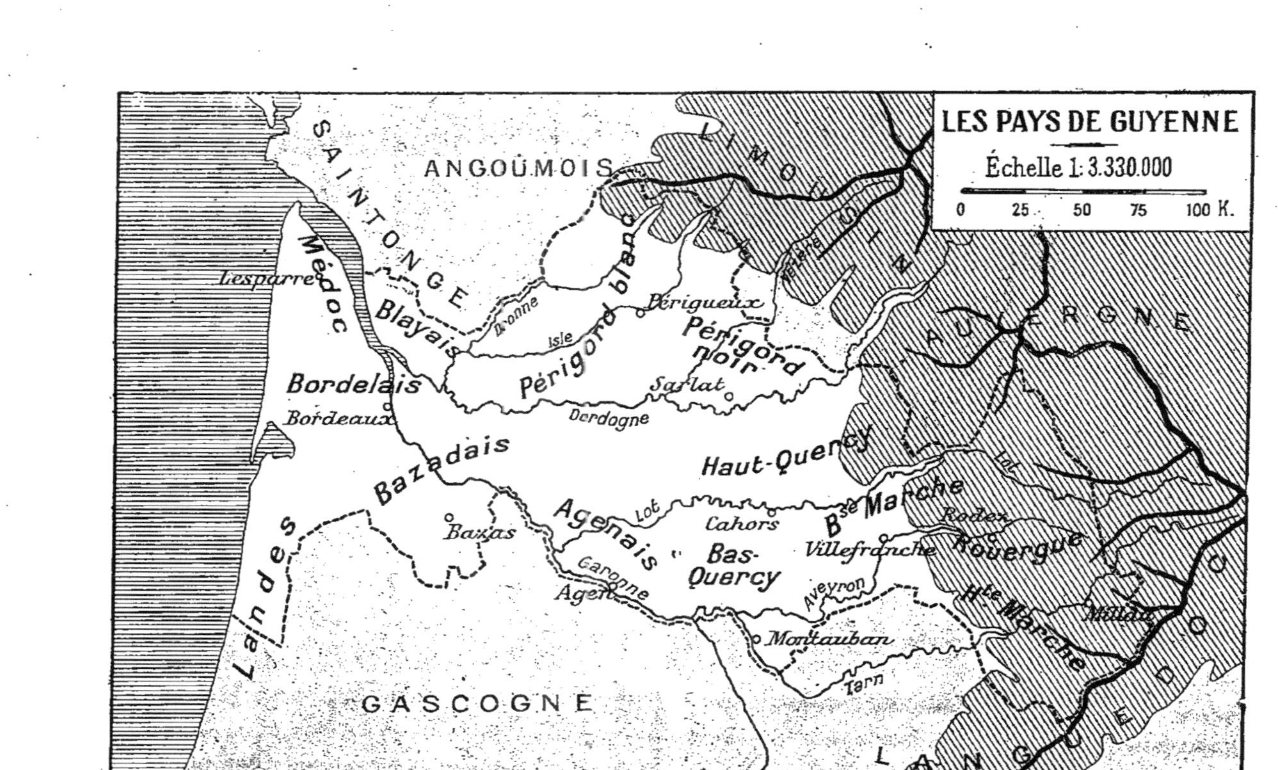
LES PAYS DE GUYENNE
Échelle 1: 3.330.000
0
25
50
75
100 K.
ANGOUMOIS
SAINTONGE
LIMOUSIN
AUVERGNE
Médoc
Lesparre
Blayais
Bordelais
Bordeaux
Dronne
Isle
Périgord blanc
Périgueux
Périgord noir
Sarlat
Dordogne
Bazadais
Bazas
Haut-Quercy
Agenais
Lot
Cahors
Bse Marche
Rodez
Rouergue
Villefranche
Bas-Quercy
Garonne
Agen
Aveyron
Hte Marche
Millau
Montauban
Tarn
Landes
GASCOGNE
LANGUEDOC

R.F.

Hotel de Ville de Saint-Antonin (Tarn-et-Garonne).

Malgré son peu d'étendue, la petite ville de Saint-Antonin s'était construit un hôtel de ville au XIIe siècle, à l'époque des libertés communales. C'est un beau monument roman avec de lourds piliers comme base, de robustes et courtes colonnades au premier étage et un beffroi peu élevé à gauche.

TROISIÈME PARTIE

L'Age Moderne.

I

Les grands faits historiques de 1453 à 1789.

Au XVIe siècle, nos provinces furent l'un des principaux théâtres de luttes désastreuses et sans gloire, les guerres de religion. La Réforme y recruta de nombreux adeptes parmi les gens de métier ; puis la noblesse par amour du pillage et de l'indépendance, la bourgeoisie par esprit municipal firent de ce parti des humbles une faction politique. Pendant 34 ans (1561-95) notre malheureux pays va être en feu : Montauban, Millau, Saint-Affrique seront les grandes citadelles protestantes ; Rodez, Cahors, Figeac les boulevards du catholicisme. Les châteaux du Viaur et de l'Aveyron, nos bourgs, nos vieilles églises portent encore les marques de cette lutte fratricide sur laquelle tranchent quelques figures tragiques, Monluc, Crussol d'Assier, le baron de Panat, Jeanne de Genouillac.

Blaise de Monluc, c'est le Gascon aux yeux de flamme, noir de peau, médiocre de taille, brave comme son épée, ronflant et sonore comme son tambour, glorieux et piaffeur sous l'éloge, bavard, irritable, ambitieux. Il n'est pas bassement cruel ; pour lui la guerre est un duel où l'avantage reste au plus fort, au plus habile, au plus impitoyable. Mais par vanité il a exagéré le nombre de ses victimes. Aussi, quand on parle de lui là-bas vers le Quercy, on en fait des récits où pâlissent les plus braves. (NORMAND : *Monluc.*)

Ajoutons que beaucoup des actes de cruauté commis sont imputables non aux Français, mais aux mercenaires Allemands, Espagnols, Italiens que les deux partis prenaient à leur solde. Ces sans-patrie ne respectaient rien et traitaient le pays comme au temps passé les grandes Compagnies. Ce sont eux qui ont dévasté tant de monuments et accumulé toutes ces ruines que l'ignorance populaire attribue à la Révolution.

Rappelons seulement quelques épisodes de cette époque douloureuse. A Villefranche, Monluc fait pendre ses prisonniers aux barreaux de l'Hôtel-de-ville ; à Capdenac, Thoras renouvelle au rocher du Miral les exploits du baron des Adrets.

MILLAU. — LES COUVERTS.

Cette vieille place avec ses maisons surplombant des galeries où s'ouvrent des boutiques, évoque l'idée d'une cité du moyen âge. On aperçoit au fond la tour du beffroi.

En 1580, le roi de Navarre résolut de s'emparer de cette ville très attachée à la foi catholique ; il arriva la nuit du 29 mai devant la place que commandait le brave de Vezins, sénéchal du Quercy.

Là première attaque fut dirigée contre une des

BLAISE DE MONLUC.
(D'après une estampe de la Bibliothèque nationale.)

portes du Pont-Neuf; l'explosion d'un pétard la renversa. Les Calvinistes se précipitèrent sur le pont et appliquèrent un autre pétard à la seconde porte qui sauta pareillement et leur ouvrit l'entrée de la ville. Les habitants étaient sous les armes, la résistance fut terrible. Vezins, à la tête de 2.000

soldats, disputa le terrain pied à pied ; le roi de Navarre ne fut maître de la place qu'après quatre jours de combats acharnés. (D'après LEBRET. *Histoire de Montauban.*)

Après la Saint-Barthélemy, les Calvinistes avaient formé à Millau l'Union protestante ; les catholiques lui opposèrent la sainte Ligue. Tout le Rouergue au nord du Tarn se déclara pour elle ainsi que Cahors, et le dernier ligueur Joyeuse, tristement illustré par le sac de Requista et de La Guépie, ne fit sa soumission à Rodez qu'en 1595. D'après la *chronique de Fromentau*, le Rouergue aurait compté durant ces guerres atroces 18.832 personnes massacrées, 1.765 maisons détruites.

Henri IV s'attacha à réparer les maux qu'il avait contribué à causer, mais sa mort fut le signal de nouveaux orages. Malgré les sages conseils de Sully, seigneur de Capdenac, les Réformés, soulevés par Rohan au colloque de Millau, reprirent les armes et Montauban devint leur grand boulevard. En 1621, Louis XIII et le connétable de Luynes assiégèrent vainement pendant 86 jours la République de Montalba défendue par 31 capitaines, le duc de La Force et le consul Dupuy.

Les ministres, comme Chamier, entretenaient l'enthousiasme par des chants et des prières ; tous

R.F.

Siège de Montauban par Louis XIII (1621).

(D'après une gravure du Cabinet des Estampes.)

les habitants, jusqu'aux anciens armés de piques et de pertuisanes, rivalisaient d'efforts ; les femmes étaient au premier rang, défendant les remparts avec des grenades, des feux d'artifice ou des cailloux. L'histoire a conservé le nom de deux de ces héroïnes, Jeanne Paulhac et Guillemette de Gasc. Ni canonnades, ni mousquetades, ni mines, ni assauts ne purent venir à bout de la résistance des assiégés, et l'armée royale, décimée par les maladies, dut se retirer. (LEBRET : *Histoire de Montauban.*)

Louis XIII se vengea cruellement de cet échec en brûlant Négrepelisse et Saint-Antonin.

Il fallut l'énergie de Richelieu pour ramener par la paix d'Alais les protestants à l'obéissance et au droit commun (1629).

Pour leur ôter toute velléité de révolte, le cardinal fit démanteler les villes et raser les châteaux.

Le 20 août 1629, il fit son entrée à Montauban où les consuls lui présentèrent les clefs de la place.

Durant la Fronde, quelques seigneurs embrassèrent le parti de Condé, mais Montauban resta fidèle au roi. En revanche, il y eut sous Louis XIV d'autres mouvements : en 1643, les croquants ou paysans, « trop chargés de tailles et mangés par la noblesse », assiégèrent Villefranche où le duc de Noailles les tailla en pièces.

La révocation de l'édit de Nantes porta à la Haute-Guyenne un coup désastreux. L'intendant Foucault fit démolir les temples, emprisonner les pasteurs, et dès 1684 il annonçait au roi « la conversion unanime de Millau et de Montauban ».

Mais une fois l'édit révoqué, les calvinistes émigrèrent en grand nombre et l'industrie des draps fut presque ruinée.

Il faudrait ajouter à tous ces maux la famine presque continue au grand siècle, le terrible hiver de 1709, et la peste qui enlève en 1653 la moitié des habitants du Rouergue et 8.000 personnes à Montauban.

C'est alors qu'un homme de grand cœur, Jean de Pomairol, lieutenant-criminel de Villefranche, se signala par son dévouement comme devait le faire en 1720, à Marseille, son compatriote le médecin Mailhes.

MONTAUBAN. — LA PLACE ROYALE (AUJOURD'HUI NATIONALE).

(D'après un cliché Bouis.)

Place entourée de maisons du XVIIe siècle à trois étages, supportées par des arcades à doubles couverts.

R.F.

II

L'organisation administrative.

Les limites des provinces étaient si bizarres sous l'Ancien Régime, que le diocèse de Montauban était du Languedoc alors que cette ville, comme tout le Quercy et le Rouergue, dépendait depuis François 1er du gouvernement de Guyenne-et-Gascogne. Le gouverneur, qui résidait à Bordeaux, était représenté à Cahors et à Rodez par un lieutenant-général.

Pour rennplacer les anciens États provinciaux, Necker avait réuni, en 1779, à Montauban, une *Assemblée de la Haute-Guyenne* qui s'occupa avec succès de l'impôt, des routes, du cadastre.

Mais le véritable maître du pays était l'intendant. La Haute-Guyenne avait d'abord dépendu de la généralité de Bordeaux ; en 1635 on créa, d'abord à Cahors puis à Montauban, une généralité qui, diminuée en

1716, comprenait à la Révolution 6 élections : Montauban, Cahors, Figeac, Millau, Rodez, Villefranche. A la tête de ces divisions étaient des subdélégués, sortes de sous-préfets.

Parmi les intendants de Montauban on peut citer Nicolas-Joseph Foucault (1674-1684). S'il se distingua par son zèle contre les prostestants, il purgea aussi le pays des tyrans féodaux, améliora la navigation du Lot, protégea les lettres et les arts.

Au XVIIe et au XVIIIe siècles, grâce surtout aux soins des intendants, les cités se transformèrent : Pellot changea en belles promenades les fossés de Montauban ; Foucault y traça le cours qui porte son nom ; François Legendre y acheva la place royale, une des plus belles de province ; Lescalopier fit construire dans la même ville le quai de Montmirat et à Cahors le quai Saint-Georges.

Dans ses rues étroites et tortueuses, Rodez vit s'élever le palais épiscopal et l'hôtel Le Normand d'Ayssène.

Empruntons à un écrivain moderne ce joli croquis d'un coin de Montauban au XVIIIe siècle :

Ce cours Foucault que nous dédaignons aujourd'hui, que l'on trouve trop loin, ne l'était pas au dernier siècle pour nos élégantes grandes dames, et les petits pieds chaussés de mules de soie montées

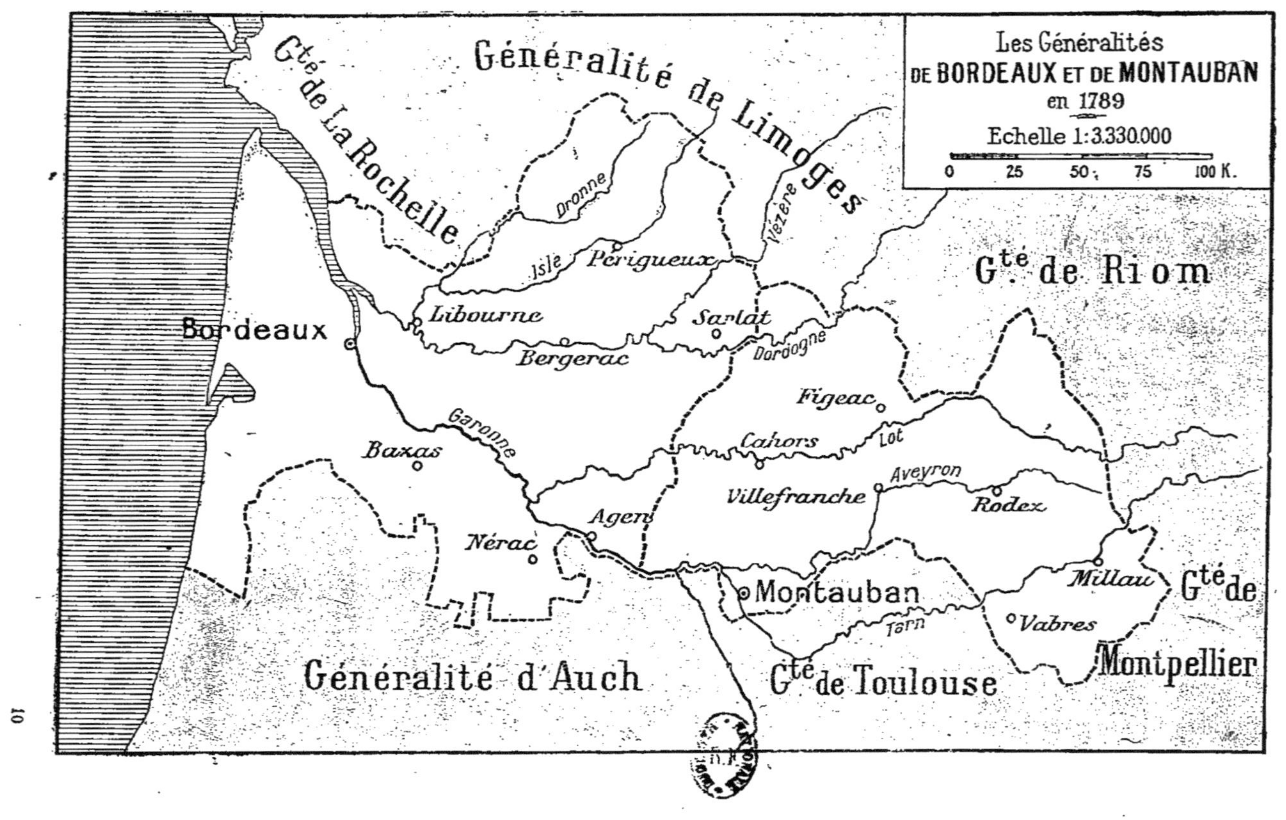
Les Généralités
DE BORDEAUX ET DE MONTAUBAN
en 1789
Echelle 1:3.330.000
0 25 50 75 100 K.
Généralité de Limoges
Gté de La Rochelle
Gté de Riom
Bordeaux
Libourne
Bergerac
Périgueux
Sarlat
Figeac
Cahors
Villefranche
Rodez
Agen
Nérac
Bazas
Montauban
Millau
Vabres
Dronne
Isle
Vézère
Dordogne
Garonne
Lot
Aveyron
Tarn
Généralité d'Auch
Gté de Toulouse
Gté de Montpellier

sur de hauts talons savaient bien en parcourir le chemin, à moins que la chaise à porteurs blasonnée et dorée n'y conduisît Madame. Là, sous les beaux et frais ormeaux, se formaient les petites coteries; le froufrou des soies épaisses, les bruits de l'éventail de laque orné de brillants, les rires sonores et francs, tout cela donnait la vie à cette promenade que le prince Orloff déclarait une des merveilles du Midi. (*D'après* M. DUMAS DE RAULY : *Discours à la Société archéologique*, 1891.)

La généralité de Montauban était exempte des aides ou impôts indirects; la taille (réelle) ne portait que sur les immeubles; le Rouergue, pays de petites gabelles, payait le sel bien plus cher que le Quercy, pays rédimé.

Toute la Haute-Guyenne était du ressort du Parlement de Toulouse. Montauban avait depuis 1662 une Cour des aides qui jugeait en matière d'impôts.

Le moyen âge avait eu les écoles claustrales comme celles de Moissac; plus tard il y eut dans les villes de petites écoles tenues par des régents; mais que de curés de village auraient pu dire comme celui de Saint-Nauphary : « Je ne connais aucun paroissien qui sache lire. »

L'enseignement secondaire, donné d'abord dans des collèges comme celui de Cahors (collège Pellegry), passa au XVIe siècle dans les mains des Jésuites puis des Doctrinaires. Pour l'enseignement supérieur, il faut citer l'Académie protestante de Puylaurens, et «l'illustre Université » de Cahors : elle eut jusqu'à 4.000 étudiants qu'attirait le renom de ses maîtres, Cujas, Roaldès, mais en 1751 on la réunit à celle de Toulouse pour « faute d'élèves ».

RUINES DU CHATEAU

DE

CALMONT-D'OLT,

A ESPALION.

Encore imposantes, elles donnent une idée de ces repaires qui soutinrent tant de sièges, et où les seigneurs bravaient l'autorité du roi.

BIBLIOTHÈQUE NATIONALE R.F.

III

La vie sociale et économique.

En 1789, le Quercy forme les diocèses de Cahors et de Montauban, le Rouergue ceux de Rodez et de Vabres. Tandis que le clergé rural est réduit à la portion congrue, les évêques sont comtes de Cahors et de Rodez, et exercent à Montauban « la 4e partie de justice haute, moyenne et basse ». Ce n'est pas du reste le seul souvenir de la féodalité.

Un usage bizarre s'est maintenu à Cahors pour la première entrée de l'évêque dans son diocèse : le vicomte de Cessac doit aller au-devant de lui nu-tête, le pied et la jambe droite nus, avec une pantoufle ; il doit prendre par la bride la mule du prélat et le conduire à la cathédrale et au palais épiscopal où il le sert à table. En revanche, la mule et le buffet garni de vaiselle d'argent doré lui restent acquis. L'évêque Alain de Solminihac qui avait voulu se soustraire à cette redevance y fut condamné en

1638 par le Parlement de Toulouse. La famille de Torenne avait joui à Rodez de semblable prérogative jusqu'au XIVe siècle.

A la veille de la Révolution, la plupart des abbayes sont sécularisées ou appartiennent à des abbés commandataires nommés par le roi comme les évêques. Pourtant celle de Conques ne relève que du Pape. Les Ordres religieux sont encore puissants : l'abbé de Conques nomme à 117 cures ou bénéfices en France, en Espagne, en Italie ; la Commanderie du Larzac vaut encore à l'Ordre de Malte 80.000 livres de rentes.

A côté de quelques familles menant grand train dans leurs châteaux restaurés au XVIIe siècle, que de hobereaux n'ayant pas 25 louis de revenu et réduits à batailler avec leurs vassaux pour une mesure de seigle ou un coq de redevance ! Les mœurs de cette noblesse besogneuse et oisive rappellent encore la féodalité : l'intendant Foucault dut assiéger dans son repaire le chevalier de Brouès qui tenait la campagne avec une bande de coupe-jarrets, et les seigneurs de Calmont-d'Olt se livrèrent à de tels excès que leur château fut démoli par sentence judiciaire en 1667.

En Quercy, les classes élevées ne donnent pas de meilleurs exemples : « la fausse monnaie et le faux

R.F

INTÉRIEUR PAYSAN EN QUERCY.

(D'après un cliché Girma.)

timbre se font publiquement à Cahors et les juges ne font rien pour les punir.» (*Mémoires de Foucault.*)

Les distinctions sociales sont moins marquées dans le Midi que dans le reste de la France ; les filles de la noblesse épousent fort bien des marchands qui, de leur côté, cherchent à sortir de la roture par les charges judiciaires ou municipales et l'achat de fiefs.

A côté de ce tiers-état urbain il ne faut pas oublier la bourgeoisie rurale, cet élément le plus solide de la vieille France, vivant au milieu des paysans dans de modestes emplois de judicature ou les professions de médecin, notaire, apothicaire. C'est elle qui a surtout gardé à nos provinces leurs mœurs, leurs costumes, leur particularisme. Mais vienne la Révolution, elle se mettra à la tête du mouvement pour le diriger à son profit.

Les pagès ou paysans, accablés d'impôts, vivent en général péniblement : les brassiers (journaliers) ne gagnent que de 10 à 15 sous par jour. Vêtus de serge ou de cadis, ils se nourrissent de châtaignes, de millet, de sarrasin.

Le mobilier des métairies ne diffère guère de celui d'aujourd'hui : lit de serge, coffre à hardes, escabeaux, maie ou pétrin, vaisselier garni de faïences, calel ou carel pendu près de l'âtre ; à la place d'honneur la *limande*, l'armoire de famille.

Si le paysan est pauvre, c'est que la terre ne rend pas : le Rouergue, à moitié couvert de bois, ne vit que de ses bestiaux, les Causses sont des pâtis à moutons. Il n'y a d'exception que dans la « rivière » du Lot et du Tarn. Là les gens sont plus à l'aise ; ils cultivent le lin, le pastel, le safran. Malheureusement les édits royaux ont prohibé la culture du tabac et restreint aux terres de faible qualité la plantation de la vigne, principale richesse du pays.

Il est juste de mentionner les efforts tentés au XVIIIe siècle par un agronome de Millau, Jean Despradels d'Allaret, qui commença la transformation du Larzac en y acclimatant la culture des plantes fourragères et de la pomme de terre.

Malgré la révocation et les guerres de Louis XIV qui ont ruiné le trafic avec l'Espagne, l'industrie et le commerce de la Haute-Guyenne sont en 1789 plus prospères que l'agriculture.

Villefranche a depuis le XVe siècle délaissé ses mines d'argent, mais Aubin et Cransac exploitent leurs houillères, et le cuivre rouge de Najac et de la Guépie alimente la chaudronnerie de Villefranche. La vieille industrie des toiles reste florissante : le Quercy et le Rouergue tissent de 50 à 60.000 pièces par an. Quant à la draperie, ruinée à Cahors, elle prospère à Rodez, Saint-Geniez, Négrepelisse et Montauban où 8.000 ouvriers, au faubourg de Villebourbon, apprêtent les cadis d'aignan, les rasés et tiretaines. Des industries nouvelles se sont créées, bas de soie, céramique ; en 1750 un ouvrier de Grenoble, Antoine Guy, a introduit à Millau la ganterie.

A défaut de routes le commerce emploie les rivières. Les bateliers du Lot halent « depuis la montagne jusqu'à Bordeaux » les bateaux portant les bestiaux, fruits et farines que demandent l'Angleterre et l'Allemagne ; et si le privilège de Bordeaux empêche les vins du haut-pays de descendre avant la Noël, les Bordelais ne savent pas se passer des vins noirs de Cahors pour les envois aux colonies.

IV

La vie intellectuelle.

LES ARTS

Après « le grand feu de joie » des Normands, aucune manifestation artistique ne se produisit dans nos pays jusqu'au XIe siècle. Mais alors se révèle un art nouveau issu de l'architecture romaine. Il est caractérisé par l'arc de plein cintre, les contreforts massifs, et la voûte de pierre remplaçant la toiture en charpente des anciennes basiliques ; les piliers trapus soutiennent des chapiteaux aux sculptures naïves ou grotesques, la nef est sombre, l'ensemble donne une impression de force.

Nous possédons, même dans de modestes villages, de nombreux spécimens de ce style ; les plus parfaits sont Sainte-Foy de Conques, Saint-Pierre de Moissac et les églises de Carennac, Duravel, Toirac (Lot), Saint-Cirice, Varen (Tarn-et-Garonne) et Montjaux (Aveyron).

Au tympan de Conques et de Moissac le ciseau de l'imagier a sculpté un curieux « *Jugement dernier* ».

Portail
de l'Église Saint-Pierre,
a Moissac.

Cette porte du XIIe siècle est une des merveilles de la sculpture romane.

Du roman sortirent les belles églises à coupoles de Cahors, Souillac, Pers (Aveyron), et les clochers octogonaux de briques du Bas-Quercy.

Lors de la croisade albigeoise le style gothique fut importé dans le Midi.

Il se caractérise par l'ogive ou arc brisé, des nefs spacieuses, des baies ornées de vitraux qui versent à flots la lumière. Avec ses contreforts aériens, son peuple de statues, ses dentelles de pierre, ses flèches qui vont percer le ciel, l'église gothique est, comme l'a dit Michelet, « un splendide acte de foi. »

Belmont (Aveyron), Gourdon, Montpezat (Tarn-et-Garonne), Le Vigan (Lot), les cloîtres de Villefranche sont de beaux monuments de cette architecture. Mais le plus remarquable est la cathédrale de Rodez dont le clocher de 84 mètres, œuvre du Ruthénois Cusset, est une merveille de l'art flamboyant.

L'architecture civile qui avait produit au moyen âge les châteaux forts, les hôtels de ville et tous ces logis aux pignons aigus qui décorent encore certains quartiers de nos villes (maison des Anglais à Rodez, maison Ortabadial à Figeac), transforma au xvie siècle les repaires en palais. On peut citer de cette époque les châteaux de Bournazel (Aveyron), Assier, Cieurac, Montal (Lot), la maison Roaldès à Cahors, les hôtels d'Armagnac et de la place du Bourg à Rodez.

Bournazel est l'œuvre d'un artiste du Rouergue, Guillaume Lissorgues. Avant d'être dévasté par la Révolution, il comprenait un corps de logis avec deux ailes en retour et quatre tours rondes aux angles. La façade était toute ciselée à la manière italienne. A l'intérieur, une galerie ornée de bustes et de colonnes, précédait la salle de réception où le ciseau de l'artiste avait taillé dans les frises tout un gracieux poème, fleurs, guirlandes, arabesques ; le splendide escalier rappelait les grandeurs de l'escalier de marbre de Versailles. (*Gaujal* : *Études sur le Rouergue*).

Assier fut édifié en 1524 par l'architecte Nicolas Bachelier pour Galiot de Genouillac. Il ne le cédait point pour les proportions aux demeures royales et était orné somptueusement. Sur le grand portail se dressait la statue équestre de François Ier.

Les siècles suivants virent encore bâtir de beaux châteaux : Séverac, Estaing Pompignan.

Au XVIIIe, Montauban donnera le jour à deux peintres dont le nom est un peu oublié, Abrabam Ramondou et Parisot, et le Rouergue, qui a déjà produit le sculpteur André Sulpice, aura encore le graveur Vivarès.

LES LETTRES

Compris dans le domaine des comtes de Toulouse protecteurs de la gaie science, le Rouergue

CATHÉDRALE DE RODEZ.

et le Quercy ne pouvaient rester en dehors du mouvement littéraire qui se manifesta an moyen âge dans tout le Midi. La faveur des comtes fit de Rodez le rendez-vous des poètes et le siège d'une brillante cour d'amour.

Sans doute les troubadours de cette partie de la Guyenne n'égalèrent pas ceux du Périgord ou du Bordelais ; mais ils furent estimés dans leur province, et plusieurs allèrent se faire applaudir jusque dans les cours de Provence et d'Aragon.

On peut citer avec honneur les noms de Raimond Jordan, vicomte de Saint-Antonin, Bernard Arnaud de Montcuq, Bertrand de Gourdon, Mathieu de Quercy, Hugues de Saint-Cyr, Henri II, comte de Rodez, Hugues Brunet, Dieudonné de Prades, et les poétesses Guillemine de Rodez et Dormunda qui est peut-être l'auteur de poème de *la Croisade des Albigeois.*

Après cette terrible guerre, la poésie romane semble morte ; mais elle se réveillera au XVIIe siècle avec le maître peignier Arnaud Daubasse de Moissac, et au XVIIIe avec Claude Peyrot de Millau, le chantre des Géorgiques patoises. Et de ces derniers troubadours sortiront à notre époque ces félibres qui se sont classés si honorablement entre les fiers cadets de Gascogne et les majoraux de Provence, ces poètes du terroir qui célèbrent la petite patrie dans l'idiome des ancêtres.

Dans le langage du Nord devenu le sien, le Midi devait produire des œuvres qui firent bien oublier la jolie chanson des troubadours. La Renaissance eut chez nous autant d'éclat que dans le reste de la France : c'est alors que paraît Clément Marot, de Cahors, qui sème dans ses épîtres, ses ballades, ses épigrammes le sel et la grâce de l'esprit gaulois ; un autre Cadurcien, Olivier de Magny, mérite de voir son nom figurer parmi les auteurs fameux de la pléiade.

Au XVIIe siècle il n'y a qu'un nom illustre à citer, celui du géomètre Pierre de Fermat, né à Beaumont-de-Lomagne, « un des premiers mathématiciens de son temps », au dire de son rival Pascal. Dans des genres très divers, le XVIIIe donnera le poète lyrique Lefranc de Pompignan, fondateur de l'Académie de Montauban, le tragique Puechméja, le jurisconsulte Boutaric, l'abbé Raynal, de Saint-Geniez, historien et philosophe, l'abbé de Prades, collaborateur de l'Encyclopédie.

LE CHATEAU D'ASSIER EN 1680.
(D'après un dessin de Villeneuve.)

Personnages illustres du XVIe au XVIIIe siècle.

Galiot de Genouillac, né à Assier en 1465, mort en 1545, grand maître de l'artillerie sous Louis XII et François Ier, fit bâtir le château et l'église d'Assier où est son tombeau.

Le maréchal Fouquet de Belle-Isle, né à Villefranche en 1684, mort en 1761, s'illustra dans les armes et la diplomatie. Il dirigea la défense de Prague et expulsa, avec son frère, le chevalier de Belle-Isle, les Autrichiens de Provence. C'est pendant qu'il était ministre de la guerre que succomba au Canada l'héroïque Montcalm, également originaire du Rouergue.

Le général Malartic (1730-1800), né à Montauban, défendit contre les Anglais les îles de France et Bourbon.

Hippolyte Guibert de Montauban (1743-90) fut un célèbre tacticien.

BIBLIOTHÈQUE NATIONALE R.F. IMPRIMÉS

Le comte d'Estaing, né en 1729 en Auvergne, mais d'une vieille famille du Rouergue, se distingua dans les batailles navales de la guerre d'Amérique. Il mourut sur l'échafaud en 1794.

QUATRIÈME PARTIE

LA PÉRIODE CONTEMPORAINE

QUATRIÈME PARTIE

La période contemporaine.

Le Quercy et le Rouergue accueillirent favorablement l'annonce de la convocation des Etats généraux. Les trois ordres rédigèrent des cahiers de doléances dont malheureusement beaucoup sont perdus. Que demandent du fond de leurs provinces ces petits gentilshommes, ces curés de campagne, ces échevins, ces commerçants, ces humbles paysans?

Les cahiers sont en général remarquables par leur sens pratique; la noblesse y manifeste des idées assez libérales; le bas clergé y montre peu de tolérance; le tiers réclame l'égalité devant l'impôt et la gratuité de la justice. Les trois ordres sont d'accord pour demander la séparation des deux provinces et le rétablissement de leurs Etats particuliers.

I

Les grands faits de 1789 à nos jours.

Avec le Quercy et le Rouergue la Constituante ne forma que deux départements, l'Aveyron et le Lot dont Montauban ne fut qu'un district. Les évêchés de Vabres et de Montauban disparurent. Mais en 1828, grâce aux efforts de M. Vialètes de Mortarieu, Napoléon créa le département du Tarn-et-Garonne en prenant au Lot-et-Garonne Moissac, à la Haute-Garonne Castelsarrasin et au Lot Montauban qui, avec son évêché, recouvra l'Académie protestante devenue Faculté de théologie.

Les paysans avaient d'abord planté des *mais* autour desquels ils dansaient aux sons de la vielle. Mais ils voulurent aussi renverser les Bastilles locales : ils attaquèrent les châteaux, brûlèrent les archives, et une bande d'insurgés investit même la ville de Gourdon.

Détrônée par Cahors et privée de son intendance

et de sa Cour des Aides, Montauban se tourna contre la Révolution : les haines religieuses, excitées par la Constitution civile du clergé, jointes aux querelles politiques, y provoquèrent le 10 mai 1790 un conflit sanglant à l'hôtel de ville. Les dragons de la Municipalité royaliste se battirent avec la garde nationale et le parti des patriotes ; il y eut cinq morts et plusieurs blessés. Mandée à la barre de la Constituante, la Municipalité, qui avait manqué de clairvoyance, fut suspendue ; plus tard deux de ses membres montèrent à l'échafaud.

Lors des élections à la Convention les Assemblées électorales furent dominées, surtout dans l'Aveyron, par l'influence des clubs jacobins.

Notre pays envoya à cet grande assemblée des hommes énergiques comme Jean Bon Saint-André, Jean-Baptiste Cavaignac (de Saint-Affrique) et le curé Paganel qui siégèrent à la Montagne ; Yzarn-Valady et Blaviel (du Lot) plus modérés s'enrôlèrent dans le parti girondin.

Jean Bon Saint-André, de Montauban, dirigea comme membre du Comité de Salut Public l'administration de la marine et assista au combat où périt *le Vengeur* ; devenu modéré après Thermidor, il servit Napoléon qui le nomma baron et préfet de Mayence. — Valody, originaire de Villefranche, séduisant orateur et âme énergique, protesta contre la condamnation de Louis XVI, fut proscrit au 31 mai et fusillé à Périgueux.

La chute de la Gironde provoqua de violentes protestations contre l'adresse du directoire de l'Aveyron; Cahors et Montauban trempèrent dans le mouvement fédéraliste du S.-O. Les royalistes en profitèrent pour exciter des insurrections à la Panouse et au camp des Palanges (Aveyron).

Pour révolutionner nos départements en majorité girondins, la Convention y envoya des représentants à l'activité un peu brouillonne, Bô, Taillefer, l'Aveyronnais François Chabot qui, secondés par les *Sociétés populaires*, organisèrent la *terreur*. Mais le calme revint après le 9 Thermidor, troublé seulement dans l'Aveyron par les courses des *chouans* du curé Solier.

Détournons les yeux de ces luttes intestines pour suivre la grande épopée républicaine et impériale. A la voix de la patrie en danger, toute une phalange de héros sortit du sol de nos vieilles provinces : le 2e bataillon des volontaires de l'Aveyron comptait dans ses rangs les futurs généraux Viala, Higonet, Bernard, Béteille, Tarayre, Rogéry, Carrié de Boissy; le Quercy donna les généraux Doumenc et Ramel, le maréchal Bessières, duc d'Istrie, et le roi Murat.

Né à la Bastide-Fortunière, Joachim Murat était d'humble origine. Destiné au sacerdoce, il quitta le

MONTAUBAN. — LA JOURNÉE DU 10 MAI 1790.
(D'après une gravure du Cabinet des Estampes.)

RF

séminaire pour la caserne. En 92, il est lieutenant; ses lettres que l'on vient de publier montrent son amour du pays natal et ses sentiments patriotiques : « Nous sommes tout nus, mais vive la République ! »

MURAT.
(D'après GÉRARD, Musée de Versailles.)

En 98 il est général, et la chance continue; beau-frère du premier Consul, maréchal, grand-duc de Berg, le fils de l'aubergiste, galopant, sabrant toujours comme à Eylau, s'abat enfin sur un trône. Pour sauver son royaume de Naples, il abandonna Napoléon à l'heure des revers et tomba en Calabre sous les balles autrichiennes.

Depuis la Révolution l'histoire locale se confond de plus en plus avec l'histoire générale. Le Midi accepta la Restauration plutôt avec plaisir, et Mon-

GÉNÉRAL CAVAIGNAC.
(D'après A. SCHEFFER.)

tauban fit au duc d'Angoulême une réception enthousiaste.

L'Aveyron fut bien le berceau du carbonariste Bories, l'un des 4 sergents de la Rochelle, mais il donna aussi aux Bourbons des hommes d'État qui, avec le parti ultra, essayèrent vainement de ramener la France à l'Ancien Régime : l'orateur métaphysicien

LA MAISON GAMBETTA, A CAHORS.

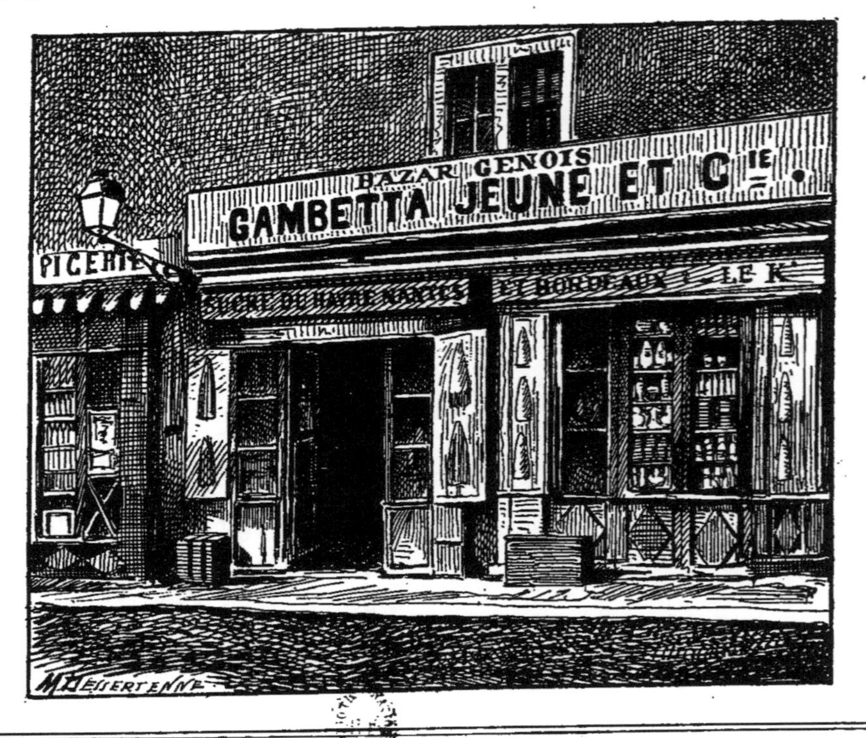

de Bonald, « l'ingouvernable » Clausel de Coussergues, l'adversaire du duc Decazes, et de Frayssinous, grand-maître de l'Université.

En 1830, on se rallia à la monarchie de Juillet, qui développa la prospérité matérielle et sut faire vibrer

GAMBETTA.

la fibre militaire par les guerres d'Algérie où s'illustrèrent le Rouergat Rolland et le caporal Laveyssière, du Lot, ces deux héros de Sidi-Brahim.

La 2e République fut accueillie avec inquiétude par la bourgeoisie, avec joie par le peuple. Un grand républicain, le général Cavaignac, député du Lot, sauva par son énergie ce gouvernement de l'anarchie lors des sanglantes journées de Juin qui coûtèrent la vie à un enfant de l'Aveyron, monseigneur Affre, archevêque de Paris.

Au coup d'état du 2 Décembre, il y eut quelque agitation dans nos départements. Lafond, député du Lot, fut parmi les représentants qui tentèrent de défendre à Paris la constitution violée par le Président que les électeurs avaient préféré à l'intègre Cavaignac.

Mais le développement des voies ferrées et l'adoption du libre-échange conquirent au régime impérial nos régions agricoles ; on se courba docilement sous le sabre et l'on vota pour les candidats officiels et « l'empereur des paysans ».

Le réveil de 70 fut terrible, mais chacun fit son devoir : Canrobert (né à Saint-Céré), le glorieux soldat de Magenta et de Sébastopol, fut encore le héros de Saint-Privat. Nos jeunes mobiles montrèrent, ceux du Lot aux combats de la Loire, ceux de l'Aveyron à l'armée des Vosges, le bataillon de Montauban à l'armée de l'Est, une vaillance et une énergie qu'ont justement consacrées les monuments érigés dans nos villes. Un enfant de Cahors, sorti du peuple, incarna alors l'âme de la France.

Le 7 octobre, Léon Gambetta part en ballon de Paris, le 10 il est à Tours. Et soudain tout change : la province presque morte tressaille, elle a une âme. Il parcourt le pays, le galvanise ; il prêche, il organise la guerre sacrée, il accomplit un travail cyclopéen ; onze corps d'armée sortent du sol à son appel ; il imprime au pays divisé un élan unique. Alors que la France hésite et se cherche, il a le génie, le sentiment profond de la race, il communie avec les plus pures gloires du passé, l'antique âme gauloise. Tout le secret de son énergie, de sa grandeur est là : confiance inébranlable dans la patrie. (PAUL et VICTOR MARGUERITTE : *les Tronçons du glaive.*)

Le grand patriote n'a pas seulement défendu la France, il a été le vrai fondateur du régime actuel, cette République à laquelle s'attachent de plus en plus nos concitoyens qui lui savent gré d'avoir refait le pays, démocratisé l'instruction, développé les œuvres d'assistance et de mutualité.

II

La vie sociale et économique au XIXe siècle.

La Haute-Guyenne d'aujourd'hui est essentiellement un pays agricole. Sauf dans l'Aubrac et les Palanges, les forêts de chênes et de châtaigniers reculent devant la dent des brebis et la culture qui escalade les pentes dénudées. La chaux et les phosphates ont réchauffé les terres froides du Ségala et les sotchs du Larzac.

Dans la montagne la grande richesse est l'élevage : bœufs d'Aubrac, brebis du Larzac, porcs, mulets, auxquels s'ajoutent dans le Lot et le Tarn-et-Garonne le cheval et la race bovine garonnaise.

Les Cantalès pétrissent dans leurs burons la fameuse « fourme » de Laguiole et les laiteries préparent le fromage qui s'affinera dans les caves de Roquefort.

Très variées dans les terrains calcaires, les cultures sont opulentes dans les « terres rouges » de l'Aveyron et les « rivières » du Tarn et du

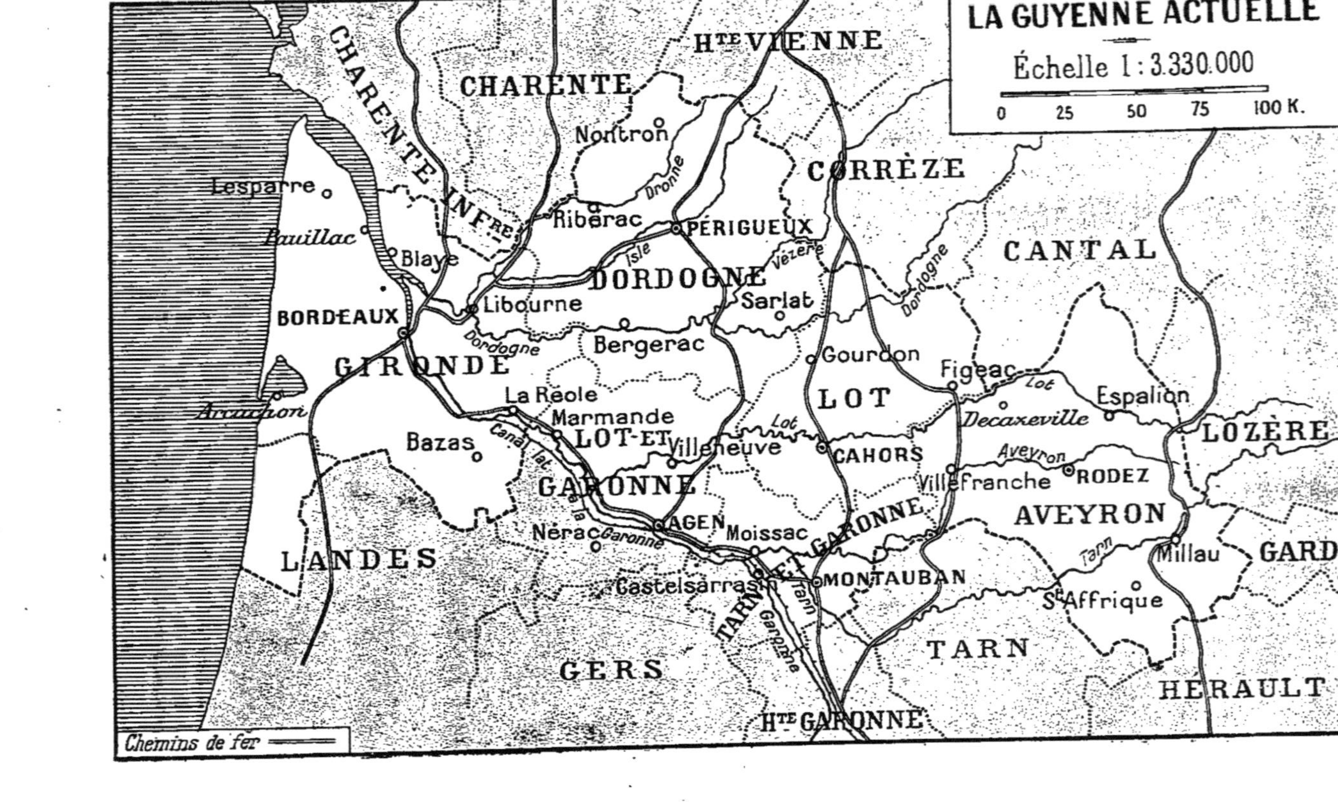
LA GUYENNE ACTUELLE
Échelle 1 : 3.330.000
0 25 50 75 100 K.
Chemins de fer
CHARENTE INFRE
CHARENTE
HTE VIENNE
CORRÈZE
CANTAL
DORDOGNE
GIRONDE
LOT-ET-GARONNE
LOT
LANDES
GERS
TARN-ET-GARONNE
AVEYRON
LOZÈRE
GARD
TARN
HÉRAULT
HTE GARONNE
Lesparre
Pauillac
Blaye
BORDEAUX
Arcachon
Libourne
Nontron
Ribérac
PÉRIGUEUX
Sarlat
Bergerac
Gourdon
Figeac
Espalion
Decazeville
La Réole
Marmande
Bazas
Villeneuve
CAHORS
Villefranche
RODEZ
AGEN
Nérac
Moissac
Castelsarrasin
MONTAUBAN
Millau
St Affrique
Dronne
Isle
Vézère
Dordogne
Lot
Aveyron
Canal lat. à la Garonne
Garonne
Tarn

Lot : au milieu des champs de blé, de maïs, de sorgho, au pied des pechs feuillus de pampres s'étalent des vergers d'arbres fruitiers et de primeurs. Le tabac du Lot, le noyer, le prunier, la truffe constituent d'excellents revenus. Le vignoble en progrès occupe dans l'Aveyron 150.000 hectares, et si la « côte du Lot » n'a été replantée qu'en partie, les vins de Cahors gardent leur réputation et mériteraient, ainsi que certains crus du Bas-Quercy, d'être classés dans la zone bordelaise.

Il reste à multiplier sur les causses arides le chêne truffier, à développer par les coopératives les industries fruitières, et surtout à combattre l'exode funeste des campagnes vers les villes.

Grâce à la présence de la houille et du fer dans le bassin de Decazeville, il s'est formé dans l'Aveyron un groupe métallurgique comparable à ceux du Nord.

Fondée par l'ingénieur Cabrol, baptisée par le duc Decazes en 1830, la capitale du pays noir aligne au bord du Rieu-Mort les hauts fourneaux, forges et aciéries de la *Société de Commentry-Fourchambault* ; Penchot a des verreries importantes, Viviez est la ville du zinc. Il faut citer aussi les fonderies de cuivre de Villefranche et Castelsarrasin, les forges de Souillac, la coutellerie de Laguiole, les moulins à phosphate de Saint-Antonin.

L'industrie textile moins florissante que jadis est

encore représentée par les draps, les toiles, la soie (Montauban). Les tanneries et mégisseries sont la gloire de Millau qui voit 8.000 ouvriers travailler dans ses fabriques de gants. Indiquons encore la chapellerie (Caussade, Septfons), la minoterie, les fabriques de conserves, les manufactures de balais (Grisolles).

Une des plus curieuses industries de l'Aveyron est la préparation des fromages. La *Société des caves de Roquefort* en livre annuellement 8 millions de kilogrammes. Les cabanières au costume pittoresque brossent à la machine les pains auxquels les fleurines (courants d'air) et une levure spéciale donnent la marbrure bleue.

Nos rivières et nos canaux rendent plus de services à l'industrie qu'à la navigation ; le tonnage ne s'est un peu relevé sur le canal latéral que depuis 1898. Il faudrait pour ranimer la batellerie réaliser le canal des deux Mers. Mais le réseau ferré permet l'expédition vers Paris et l'étranger des produits du sol et de l'industrie, surtout des fruits et des primeurs dont la culture a pris un si brillant essor.

Principales lignes : Paris-Toulouse par Cahors ; Paris-Toulouse par Capdenac : Paris-Béziers par Millau ; Bordeaux-Cette par Montauban ; Cahors-Séverac ; Rodez-Carmaux.

La construction de ces lignes a nécessité des œuvres d'art comme le viaduc du Viaur.

VIADUC DU VIAUR (PONT DE TANUS).
Hauteur : 116 m.; longueur : 460 m.; arche centrale : 220 m.

Sur la ligne de Rodez à Albi l'audace des ingénieurs a lancé dans le vide à 116 mètres de hauteur, par-dessus les gorges du Viaur, un fil d'araignée, un pont métallique, le viaduc de Tanus, qui l'emporte par sa légèreté sur le fameux pont de Garabit.

HOUILLÈRES DE FIRMY. BASSIN DE DECAZEVILLE.

Une natalité trop restreinte et l'exode des campagnes ont amené dans nos départements une diminution sensible. En revanche des villes neuves, Capdenac-Gare, Tournemire ont poussé aux nœuds des voies ferrées. La population s'est accrue dans quelques centres : depuis 1800 elle est passée à Rodez de 6 à 16.000, à Millau de 6 à 19.000, à Montauban de 22 à 28.000.

Grands marchés agricoles, nos chefs-lieux sont aussi des foyers intellectuels et, tout en gardant leur cachet pittoresque, ils ont su s'embellir de squares, de boulevards, d'édifices élégants. Le goût du tourisme a même forcé de simples bourgades à se moderniser pour retenir les visiteurs qui affluent vers les sites grandioses et les merveilles souterraines de nos régions.

Découvert en 1889 par M. Martel, le gouffre de Padirac s'ouvre béant à la surface du causse par un gigantesque aven ou puits vertical de 75 mètres de profondeur. Une rivière souterraine y a sculpté une fantastique enfilade de cavernes à stalactites qui en font une merveille unique en France.

Oubliant leur esprit particulariste, ouvertes aux influences extérieures, nos provinces perdent leurs vieilles mœurs et leurs patois.

Certes il est encore sur les pierrailles Cadurques ou dans les monts de l'Aveyron plus d'un bourg endormi dans ses antiques coutumes ; malgré la mode de Toulouse, on y garde vestes de bourracan, cotillons de droguet, *piarrots* et antiques coiffes ; dans les burons et les bordes, aux veillées où l'on pèle la châtaigne ; et les soirs de *despanouillado*, on narre toujours, pendant que les femmes filent au rouet, des histoires de fées ou de loups-garous ; et les gars

LE GOUFFRE DE PADIRAC (Lot).
Ce gouffre, situé près de Gramat, est dû à l'action des eaux à travers le sol calcaire.

savent encore, aux frairies et à la saint Jean, danser au son de la vielle, de la musette ou de l'accordéon.

FILEUSES DU QUERCY.

Mais ces restes d'un passé pittoresque tendent à s'abolir. Le terrien va à la ville, fréquente les foires, s'imprègne d'idées nouvelles. Néanmoins la race n'a pas perdu ses qualités natives, bon sens pratique, ténacité, amour du travail et de l'épargne ; et l'on ne peut que souhaiter, qu'avec plus de sens du progrès, elle les applique à la prospérité des petites patries que de leur sang et de leurs sueurs nous firent nos ancêtres.

Hommes célèbres du XIXe siècle.

De Bonald (1754-1840), né au Monna près de Millau, philosophe spiritualiste, pair de France, membre de l'Académie française.

Laromiguière (1756-1837), né à Linvinhac dans l'Aveyron, fut un des plus grands philosophes français.

Delrieu (1763-1836), poète dramatique, né à Rodez, auteur des *Templiers* et de chants patriotiques.

Le baron Portal d'Albarèdes (1765-1845), né près de Montauban, a été ministre de la marine sous Louis XVIII.

Alexis Monteil (1769-1859), de Rodez, historien de l'Aveyron, a écrit aussi une *Histoire des Français des divers Etats*.

Gayard (1777-1858), né à Rodez, sculpteur et graveur de médailles, auteur de la statue de *Samson* et du fronton du palais de justice de sa ville natale.

RICHARD (1781-1859), peintre paysagiste né à Millau : ses principales toiles sont aux musées de Toulouse et de Rodez.

CHAMPOLLION-LE-JEUNE (1790-1832), né à Figeac, professeur et archéologue, déchiffra l'écriture des anciens Égyptiens et permit de reconstituer leur histoire. Son frère CHAMPOLLION-FIGEAC fut aussi un savant distingué.

INGRES (1780-1867), de Montauban, fut un des plus illustres peintres du XIXe siècle. Merveilleux dessinateur, il disait que « le dessin est la probité de l'art ». Ses chefs-d'œuvre sont *le Vœu de Louis XIII*, *l'Apothéose d'Homère*, *la Source*. Il a laissé aussi des portraits de premier ordre et une collection de dessins qui est la gloire du Musée de Montauban.

DENIS AFFRE (1793-1848), né à Saint-Rome-de-Tarn, archevêque de Paris, mourut en apôtre et en citoyen devant les barricades,

L'amiral DE VERNINAC SAINT-MAUR (1794-1875) naquit à Souillac où il a sa statue.

LÉON CLADEL, né à Montauban en 1837, écrivain de combat, peintre des humbles, a décrit dans une langue colorée les sites et les types du Quercy. Ses meilleures œuvres sont : *les Bouscassiés*, *Ompdrailles*, *Crête-Rouge*. Son compatriote EMILE POUVILLON est aussi l'auteur de délicieux romans champêtres, *Césette*, *Jean de Jeanne*, les *Antibel* où il peint dans une langue nerveuse et colorée, qu'émaillent les mots de terroir, les horizons et les gens de sa province.

CLÉMENT MAROT.
(D'après une ancienne estampe.)

Pouvillon aime et fait aimer la petite patrie.

GUSTAVE LARROUMET, de Gourdon (1852-1903), fut professeur à la Sorbonne et directeur des Beaux-Arts ; on lui doit de savantes éditions de nos auteurs classiques.

PORTE DU XIVe SIÈCLE SERVANT DE BEFFROI, A VERDUN-SUR-GARONNE.

LECTURES COMPLÉMENTAIRES

I. — AU TEMPS DES ALBIGEOIS.

Durant la lutte sanglante entre les comtes de Toulouse et les croisés du Nord, le Bas-Quercy resta fidèle à ses suzerains. En 1211 Raymond VI, condamné par le concile d'Arles, entra à Montauban «la charte au poing » et la fit lire aux capitouls et à la communauté des habitants. Mille voix s'écrièrent alors : « Avant de subir ces conditions, nous mangerons plutôt nos enfants ! » Après une vive résistance, la ville fut prise et incendiée par Simon de Montfort.

L'année suivante ce fut le tour de Moissac. Simon, revenant de saccager l'Agenais, vint en faire le siège. Il essaya de saper les remparts avec une machine appelée cat (chat). Mais les assiégés la démontèrent avec un pierrier et y mirent le feu avec de la paille, des étoupes, de la chair salée et de l'huile ; en même temps leurs balistes vomissaient la mort sur les croisés qui cherchaient à éteindre l'incendie à force d'eau et de vin. La ville finit par capituler et la garnison fut massacrée.

II. — LE SERVAGE EN ROUERGUE ET QUERCY.

Le servage fut au moyen âge la condition ordinaire des populations rurales de la Haute-Guyenne. Hommes des baronnies ou des abbayes, les serfs avaient une condition très dure. Non seulement ils ne pouvaient posséder terre ni maison, marier librement leurs filles, mais étaient questables, taillandiers, payaient la quête, la taille et autres droits, et étaient attachés à leur cazelage, à la glèbe qu'ils cultivaient et avec laquelle on les cédait. Ainsi en 1185 un baron du Rouergue, Raymond de Salmiech, donne à l'abbaye de Bonnecombe les hommes et les femmes qu'il a au mas des Salettes et de Montillet.

S'il y eut des serfs en Rouergue jusqu'au xve siècle, il faut dire que, devançant l'Ordonnance de Louis X, Alphonse de Poitiers donna dès 1270 l'exemple des affranchissements dans les coutumes de Castelsagrat. Et les seigneurs du Quercy l'imitèrent. En 1278,

Gaillard de Montpezat affranchit Gérard Bru, sa femme et ses enfants moyennant 250 sols caorcens, ne se réservant sur lui que le cens (prix du loyer de la terre) et l'albergue (droit de gîte) fixé à un setier de vin, 2 oies, 2 deniers pour le pain et 20 pour la viande.

Par ces contrats passés devant notaire, les serfs devenaient ingénus ou libres et pouvaient affermer la terre à temps ou à perpétuité.

III. — LES CAORSINS.

On appelle ainsi les banquiers italiens qui s'établirent à Cahors pendant la guerre des Albigeois. Ils avaient leurs comptoirs sur la « place d'échange » et prêtaient sur gages à 15 et 20 pour cent. Ils ruinèrent la noblesse du pays et le décrièrent tellement, que Cahors passaient pour un repaire d'usuriers. Saint Louis et son fils ordonnèrent aux baillis de les chasser de leur territoire. Ils s'établirent alors à Nîmes et à Montpellier où ils gardèrent leur nom.

Ce qui rendait nécessaire au moyen âge l'existence de ces banquiers, c'était la diversité des monnaies ; les seigneurs ne voulant accepter que la leur, les marchands étaient obligés de changer d'espèces à chaque grand fief qu'ils traversaient. Les principales monnaies usitées dans nos pays au moyen âge étaient les sous raimondins et hugonins frappés par les comtes de Toulouse et de Rouergue, et la monnaie caorsine qui avait cours même en Périgord et dans le Bordelais.

IV. — LES BATELIERS DU LOT.

Jadis les rivières étaient les grands chemins, et jusqu'à la Révolution on les préféra aux mauvaises routes défonçées, impraticables aux charrettes, où les transports n'étaient possibles qu'à dos de mulets.

Les évêques de Cahors, les Anglais, puis Richelieu et les intendants avaient travaillé à améliorer la navigation du Lot, voie très fréquentéepar le commerce.

De la montagne jusqu'à Bordeaux on les connaissait bien les patrons de bateaux qui allaient échanger les bois, les bestiaux, les vins du haut-pays contre le sel de Basse-Guyenne. La batellerie était une branche florissante : à Douelle, près de Cahors, ils étaient parfois sur l'eau jusqu'à 300 du village sans compter les enfants. Dur métier : comme les chemins n'étaient pas partout accessibles aux chevaux, il fallait haler à bras ; vingt, trente matelots tiraient le câble immense, le long de sentiers de chèvres, au flanc de roches escarpées. Le chef commandait d'une voix stridente, tenant la hache levée, prêt à la lancer à la tête du premier qui aurait lâché pied ! (D'après M. MASSABIE, *Bulletin des Etudes du Lot.*)

V. — LES CROQUANTS DU ROUERGUE.

Le commencement du règne de Louis XIV fut marqué en Rouergue par une terrible révolte qui éclata à Villefranche, Najac, Sauveterre, Belcastel, Maleville.., 10 ou 12.000 paysans exaspérés par l'accroissement des tailles se portèrent sur Villefranche ; ils avaient pour chef un chirurgien nommé Petit, natif de Montpezat en Quercy, et un maçon, Guillaume Bras, surnommé la Paille. Maîtres de la ville, ils forcèrent l'Intendant à signer une ordonnance qui dégrevait l'impôt, puis ils se retirèrent en pillant les maisons des gens de finance.

Le sénéchal Anne de Noailles se rendit à Villefranche pour rétablir l'ordre, et commença par faire arrêter Petit et la Paille. Alors les croquants reparurent et investirent la ville sous les murs de laquelle Noailles les tailla en pièces. Les chefs furent rompus vifs sur la place publique, et leurs corps exposés aux patibulaires. Un autre, Bernard Calmels, subit le même sort à Najac ; plusieurs furent condamnés aux galères perpétuelles. (D'après GAUJAL. *Etudé sur le Rouergue.*)

VI. — A SIDI-BRAHIM.

C'est en 1845, lors de la grande lutte contre Abd-el-Kader dans la province d'Oran. L'émir est parvenu à envelopper au sortir d'un ravin 60 hussards et trois compagnies de chasseurs d'Orléans. Malgré une vive résistance la colonne est exterminée sauf une compagnie qui peut atteindre le marabout (chapelle et tombeau) de Sidi-Brahim et s'y barricader. Un drapeau tricolore fait de lambeaux de vêtements est hissé sur la toiture, on pratique à la hâte quelques créneaux, on coupe les balles en 4 ou en 6, et sans pain, sans eau, cerné par une nuée d'Arabes, nos braves troupiers repoussent tous les assauts... Et cela dure 3 jours. Alors les survivants, 70, s'ouvrent un chemin à la baïonnette et, au prix de nouveaux sacrifices humains, atteignent enfin le camp de Djemaa. (D'après le duc d'AUMALE. *Zouaves et chasseurs à pied.*)

Parmi les acteurs de ce glorieux fait d'arme était l'Aveyronnais Guillaume Rolland, de Buffières, qui reçut la croix pour son sang-froid et son intrépidité : durant ces trois jours d'agonie il sonna, sonna sans répit dans son clairon pour soutenir l'ardeur de ses camarades. Et là était aussi le caporal Laveyssière, un enfant de Castelfranc-du-Lot, qui fut également décoré et reçut une carabine d'honneur pour sa belle conduite. Pour honorer sa mémoire, le 7e d'infanterie a baptisé « pavillon Laveyssière » la salle d'honneur du régiment.

VII. — CANROBERT A SAINT-PRIVAT

On se battait depuis huit heures sous la plus épouvantable avalanche de projectiles qui soit tombée sur aucun champ de bataille. Le spectacle était terrifiant, la lutte sans espérance, le dévouement sans autre mobile que l'honneur... Seul, à pied, ses longs cheveux tombant sur le col, et des larmes sillonnant parfois son rude visage, le maréchal parcourait les lignes clairsemées de ses soldats et encourageait leur résistance par un mot, par une poignée de main. Il était vraiment admirable, cet homme chargé d'honneurs et de gloire, ce soldat investi de la plus haute dignité militaire, devenu simple combattant pour donner du cœur à tous et risquant mille fois sa vie pour communiquer aux autres sa mâle énergie et son opiniâtreté superbe.
(ROUSSET, *Histoire de la guerre de* 1870.)

VIII. — L'INDUSTRIE DES PRIMEURISTES.

Dans les « rivières », les petits vallons qui partent du causse, sur l'espalier des collines chauffées par le soleil, la culture tend de plus en plus à se transformer en jardinage. C'est par pleins wagons que nos gares envoient aux halles de Paris, en Allemagne, en Angleterre, les cageots de fruits et de primeurs ; asperges, artichauts de Montauban, tomates de Cahors, cornichons de Cayrac, prunes, cerises du causse ou d'Asprières, amandes de Millau, fraises de Moissac, pêches de Montauban, ces belles pêches à chair jaune baptisées l'*honor de Cos !* Entre tous ces fruits trône le raisin rosé ou doré ; à la fête des vendanges, en 1909, Bordeaux acclamait le « char du chasselas » qui glorifiait l'un des produits les plus exquis de notre Midi.

BIBL. R.F. IMPRIMÉS

TABLE DES GRAVURES

BIBLIOTHÈQUE ... IMPRIMÉS

TABLE DES MATIÈRES

LECTURES COMPLÉMENTAIRES

BIBLIOTHÈQUE NATIONALE R.F. IMPRIMÉS

Paris-Lille, Imp. A. Taffin-Lefort. — 10-162.

www.ingramcontent.com/pod-product-compliance
Ingram Content Group UK Ltd.
Pitfield, Milton Keynes, MK11 3LW, UK
UKHW020256250726
13967UKWH00004B/1712

9 782012 934610